見るだけで学べるテクニックブック　パーマ編

パーマで遊ぶ
±ボリューム学

西戸裕二
DADA CuBiC

CONCEPT

本書はパーマデザインと、
その設計、施術段階で必要となる
テクニックの根本的な「ナゼ?」をひも解き、
「パターン」的な思考や練習からの脱却を後押しすることで、
「パーマデザインの質の向上」を目指します。
パーマとは、髪のかたちを変え、
ボリュームを操作できるテクニックです。
本書では、そうしたパーマの根本であり、
デザインの根幹となるさまざまな要素を整理・検証し、
ヘアデザインを「もっと遊べるもの」にしてくれる、
また、それと同時にデザインの質を高めてくれる、
パーマの原理原則を掘り下げます。

はじめに

どこから巻くか、ロッドは何ミリか、何回転巻くか……。
パーマには「覚えるべきこと」がたくさんあります。
そして、それらは意外に整理されておらず、用語や考え方もさまざまです。
こうした状況も、美容師が「パーマは苦手」と感じてしまう要因。
以前、私もそうした理由でパーマを楽しめていませんでした。
それが、髪をどこから曲げればいいのかなど、
つくりたいデザインから考えられたとき、一気にパーマが楽しくなったのです。
大切なのは「どう巻くか」ではなく、
つくりたいデザインに対し、必要な技術は何かを考えること。
そして、素材や技術の原理原則を理解することです。
本書では、パーマの作業的な部分ではなく、
仕上がりのパーマデザインを楽しむために必要な、根本的な考え方や
アプローチの方法を「見るだけ」で感じてもらえるようにまとめています。
パーマに苦手意識を持っていた私が体験した「パーマが楽しくなる」感覚を、
みなさんも体験してください。

西戸裕二［DADA CuBiC］

CONTENTS

CONCEPT ······································· 3

はじめに ······································· 4

INTRODUCTION
パーマでヘアをデザインする、ということとは？ ·········· 8

まずはパーマでヘアをデザインする
「工程」を整理してみよう ························· 9

パーマのデザイン設計 1
イメージを決める ······························· 12

パーマのデザイン設計 2
ヘアデザインを決める ··························· 14

デザイン設計のPOINT 1
レングスと厚み ······························· 16

デザイン設計のPOINT 2
基本的なシルエット ··························· 18

デザイン設計のPOINT 3
ヘアデザインのしくみを知ろう ················· 20

CHAPTER 1
パーマでデザインするためのキソ ················ 26

パーマのデザイン力アップに欠かせないのは
「パーマの役割」と「素材の性質」への理解 ········· 28

パーマで何ができるのか? ························ 30

パーマの機能①
全体を広げる ································· 30

パーマの機能②
全体を広げながらかたちを変える ··············· 32

ボリューム操作の考え方 ························ 34

「毛束の形状」で髪の「密度」を操作する ········· 34

「巻く本数」で髪の「密度」を操作する ········· 36

素材の性質を理解する ·························· 40

素材には「違い」がある ······················· 40

素材のディテールをとらえよう ················· 42

パーツの性質を知ろう ························· 44

曲面にフィットするかたち ····················· 48

丸みになじむ「線」とは ······················· 50

「線」の角度と使い分け ······················· 52

CHAPTER 2
パーマでつくる「かたち」 ······················ 56

1つひとつの毛束の重なりを
しっかりとイメージしよう ······················· 58

パーマの「シルエット」と「重量感」 ·············· 60

アウトライン＋パーマで実験
シルエットの「縦長感」と「おさまり」 ········· 62

アウトライン＋パーマで実験
密度で探る「重量の位置」 ····················· 64

まずはパーマでヘアをデザインする「工程」を整理してみよう

デザインづくりにおいて、パーマはどこで何をするものでしょうか?
理解を深めるため、まずはデザイン設計の流れをおさえましょう。

パーマは「巻き」の技術だけを深く考え過ぎると、どんどん難しく感じるようになる。「ヘアスタイルのデザインをつくるための工程」を整理し、考えていけば、パーマで何をするべきか、何ができるのかが見えてくる。

パーマを難しくとらえず、単純に「かわいい!!」をつくる手段だと考えてください。
色気をつくる、**フェミニン**の度合いを変えてくれるもの、という認識でOKです。
またパーマデザインの「仕上がり」は、決してひと通りではありません。
どんなふうに乾かし、仕上げても、「かわいい仕上がり」につながることがパーマの力であり、魅力です。
つまりパーマは、お客さまが自分で簡単に仕上げられる提案を実現してくれるものなのです。
お客さまの多くは**気分屋**です。「**今日は何を着ようか?**」という気持ちと同じように、**気分**でヘアデザインを選べるようなパーマの提案を目指しましょう!

次のページからは、パーマデザインを組み立てていくための第一歩として重要な意味を持つ、「イメージ」や「シルエット」などについて掘り下げていきます。

パーマのデザイン設計1
イメージを決める

パーマを生かすデザインづくりのスタートは、
仕上がりのイメージを固めること。
このページで紹介するイメージが、パーマデザインの起点。
まずはデザインとイメージを感じてください。

CASUAL
カジュアル

CONSERVATIVE
コンサバティブ

NATURAL
ナチュラル

FEMININE
フェミニン

GIRLY
ガーリー

パーマのデザイン設計 2
ヘアデザインを決める

「イメージ」の次に考えるべきは、
どんなデザインでそのイメージを
具体化させるかということ。
まずはデザインの
「決めどころ」について整理します。

INTRODUCTION　パーマでヘアをデザインする、ということとは?　※　パーマのデザイン設計 2　ヘアデザインを決める

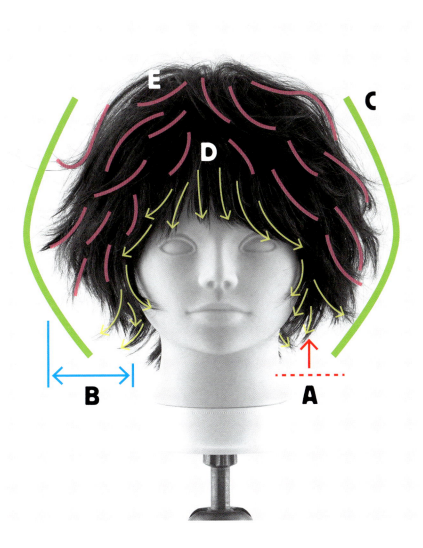

デザインの決めどころと決める順番

A レングスの決定
（縦のバランス）

まずはヘアデザインの
アウトラインを設定。

B レングスに対する厚み
（横のバランス）

スタイル全体の厚みを決める。

C シルエット
（重量のバランス）

どこに重量をつくるか決めると、
シルエットが把握しやすくなる。

D 顔まわりのデザイン
（ニュアンスの設定）

肌（顔〜首まわり）の見え方が
決まり、ヘアのニュアンスが定まる。

E 表面の動きと質感
（ムードの設定）

カール感やウエーブ感、
束感や透け感などで、
女性像のムードが決まる。

デザイン設計のPOINT 1
レングスと厚み

デザイン設計のはじめの一歩が
レングスと厚み。
これにパーマが
どう作用するか、から解説。

パーマと「レングス」
～パーマをかけると短くなる

アウトラインのレングスが中途半端だと、デザインに安定感が出ず、
すべてがあいまいに。レングス設定の際は、
体型（肩幅や胸板）のほか、「短くなる」ことを考慮しましょう。

パーマと「厚み」
～パーマをかけると広がりが出る

「厚み」はシルエットに大きく関わる要素。体型の見え方にも影響します。
また、パーマをかけると「厚み」はストレート時の1.3～3倍近くにまでふくらみます。
このボリュームの変化がデザイン設計のカギ。

デザイン設計のPOINT 2
基本的なシルエット

レングス、厚みの次に
考えるべき要素が「シルエット」。
ここでは、その基本形となる、
7つのシルエットの概要を整理。
これらがさまざまな
パーマデザインの「軸」となります。

スクエアシルエット

重量が低い位置にあり、レングスは短め。サイドはフラットで、全体が四角い印象。

Iシルエット

重量が低い位置にあり、レングスは長め。サイドはフラットで、全体が「I」字状。

Aラインシルエット

「A」字状のシルエット。低い位置にしっかりとした重量があり、安定感がある。

逆三角形シルエット

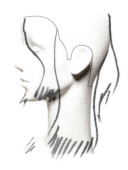

重量が高い位置にあり、低い位置の厚みが薄い。逆三角形状で、大きく見えやすい。

ひし形シルエット

王道のかたち。立体感とシャープさをあわせ持つ。このシルエットを構成する要素は、あらゆるシルエットに含まれる。

ラウンドシルエット

全体に丸みがあり、レングスは短め。マッシュ系のスタイルに多く見られる。

Sシルエット

サイドに重量があり、S字状のくびれを持つシルエット。レングスはショートからミディアムまで。

デザイン設計のPOINT 3
ヘアデザインのしくみを知ろう

デザイン設計を進めるには、その「しくみ」を理解することが不可欠。
どこの髪が、デザインのどこを担うのか、
まずはしっかり理解しておきましょう。

ヘアデザインは
2つのエリアで構成されている

PARTS 1
顔にかかる部分

↓

PARTS 2
サイドに落ちる部分

↓

PARTS 3
レングスをつくる部分

↓

アウトラインをつくる部分
（「エクスターナル」ともいう）

PARTS 4
段差を入れる部分

↓

フォルムをつくる部分
（「インターナル」ともいう）

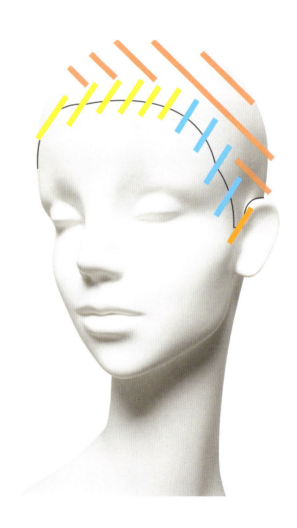

ヘアデザインは、大きく分けて「アウトライン」をつくる部分と、
「フォルム」をつくる部分で構成されている。

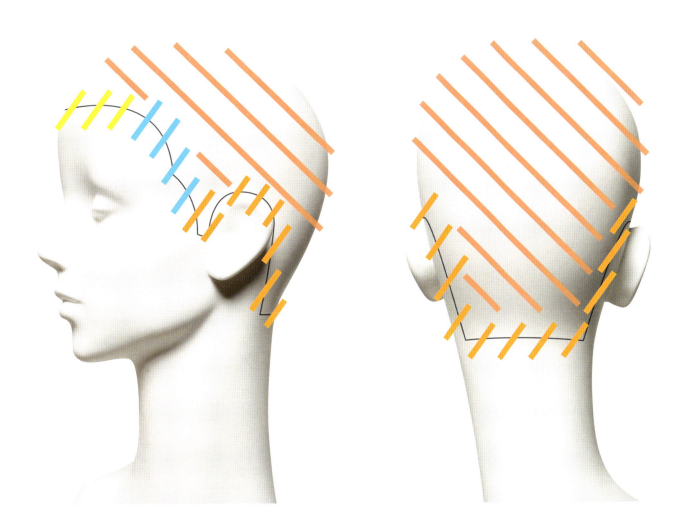

デザインの「幅」を広げるための考え方

まずはヘアスタイルの「アウトライン」と「フォルム」を区別、整理し、さらにそれぞれのデザインを細分化、パーツ化していけば……

カットスタイルでもパーマスタイルでも、
アウトラインとフォルムの「組み合わせ」次第で、
デザインやイメージの幅をどんどん広げていくことができる。

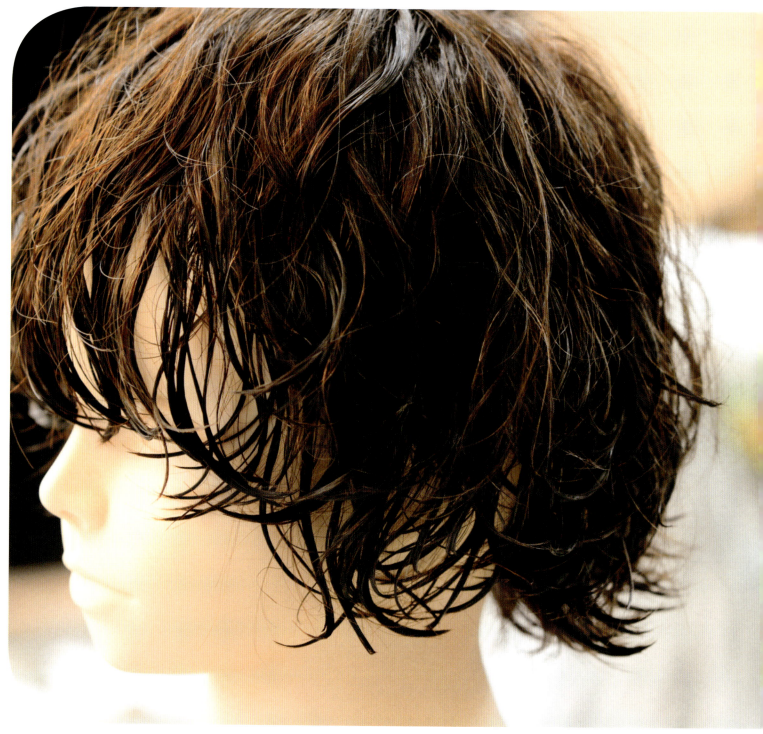

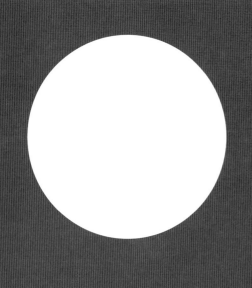
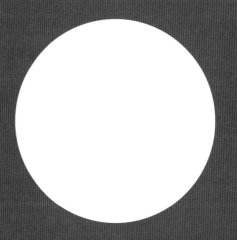

VISUAL
TECHNIQUE
BOOK

CHAPTER 1

パーマで
デザインするための
キソ

そもそもパーマや素材には、
一体どんな効果、特性があるのでしょうか。
まずはあたり前過ぎて見落としがちな「ゲンリゲンソク」から整理します。

パーマのデザイン力アップに欠かせないのは「パーマの役割」と「素材の性質」への理解

パーマは髪を曲げるもの。髪を曲げて得られるのはボリューム感。パーマデザインの幅を広げるためには、このボリュームのコントロールが欠かせません。

一方素材とは、骨格の形状や髪質、毛流れなど、デザイン設計のベースとなるもの。すべては人の骨格であり、髪であるため、全く同じ素材は1つとして存在しません。ただ、その構成や傾向には原則があり、それをしっかりと理解しておく必要があります。

CHAPTER 1では、こうしたパーマデザインの超基本、だけれど仕上がりの質を大きく左右する、パーマでボリュームを遊ぶために必要不可欠なことについて掘り下げます。

パーマで何ができるのか?

そもそもパーマは、髪をどうすることができるモノなのでしょうか？
まずはそこから改めて考えていきます。

パーマの機能①
全体を広げる

CASE 1

小さな丸を……　　大きな丸に。

CASE 2

小さな三角形を……

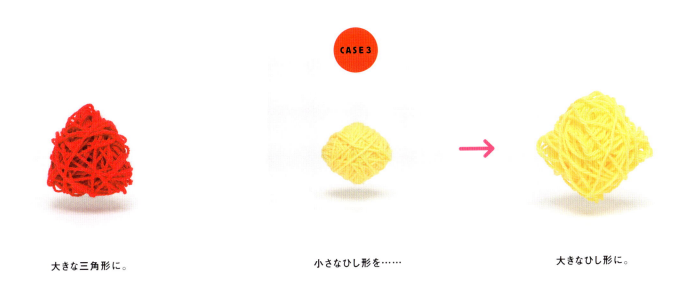

大きな三角形に。

小さなひし形を……

大きなひし形に。

全頭に、均一にパーマをかければ、
カットでつくった「かたち」を
そのまま大きく広げることができる。

シルエット操作＝
「カット＞パーマ」となる。

パーマの機能②
全体を広げながらかたちを変える

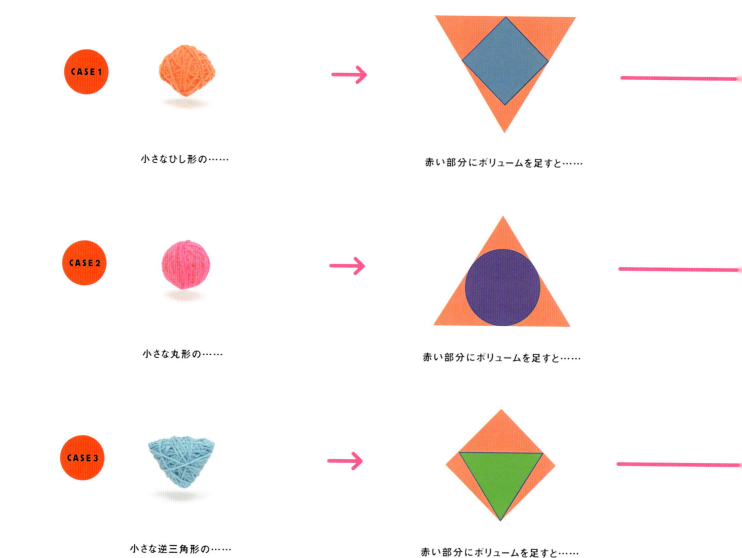

CASE 1　小さなひし形の……　→　赤い部分にボリュームを足すと……

CASE 2　小さな丸形の……　→　赤い部分にボリュームを足すと……

CASE 3　小さな逆三角形の……　→　赤い部分にボリュームを足すと……

大きな逆三角形になる。

大きな三角形になる。

大きなひし形になる。

目指すかたちに対し、
必要な部分にのみボリュームを足せば、
さまざまなかたちに変化させることができる。
なお、その際に大切となるのが、
「もとのかたちのどこにボリュームがあるのかを
把握すること」だ。

**シルエット操作＝
「カット＜パーマ」となる。**

ボリューム操作の考え方

パーマによるデザイン設計の要と言えるのがボリュームの操作。
この「ボリューム」を操る方法について考えていきます。

「毛束の形状」で髪の「密度」を操作する

髪のボリュームを「密度」として考えると、リッジの強弱や回転数などが想像されます。
ただ、ここではよりデザインに直結する、
「どこから曲げるか」で変わる密度の違いを比較します。

before
ストレートの状態

密度＝高
ボリューム＝ 大

密度＝低
ボリューム＝ 小

密度＝中
ボリューム＝ 中

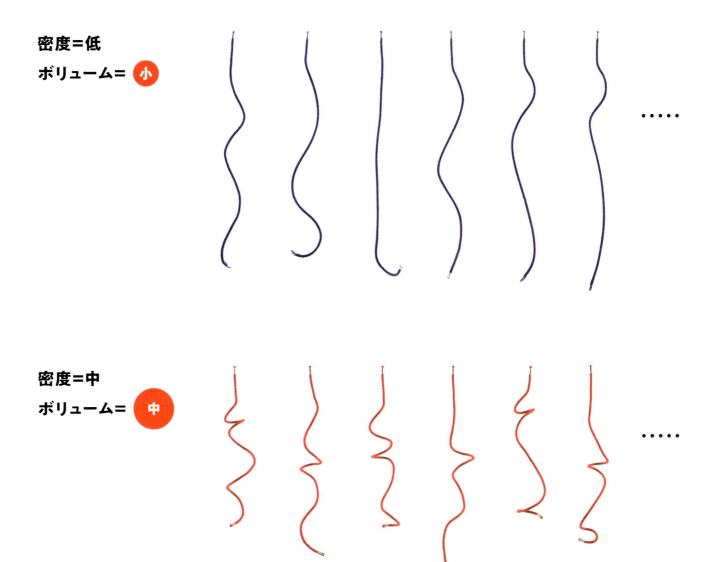

「巻く本数」で髪の「密度」を操作する

ウエーブやカールの強弱、またそれによって生じる「たわみ」といった、
毛束の形状だけでなく、「より多く巻く」ことでも髪の密度は上げられます。
では、多く巻くために必要なアプローチとは？

整然とロッドを配置すると……

頭の面積は限られています。下の写真の白い枠の内側は、
その「限られた面積」に見立てたもの。
そして、ロッドに見立てた●を、縦横整然と配置すると……

5段で8列、40個並べることができた。

少しずらして配置すると……

限られた面積をより有効に使うべく、「整然と」並べた際に生じるすき間を埋めるように、
少しずらして配置したのが下の写真。
1列の数が5個、4個と交互になっていますが……

合計41個。整然と配置するより、1つ多く入れることができた。

ロッドの配置、つまりスライス構成を
「整然と」ばかりでなく、
頭の丸みに合わせてずらしながら設定すれば、
より多く巻くことができる。

ボリュームが出る

素材の性質を理解する

あらゆるヘアデザインの土台となるのが骨格や髪質といった「素材」。
セクションや人による違いを理解することが、デザイン設計の第一歩。

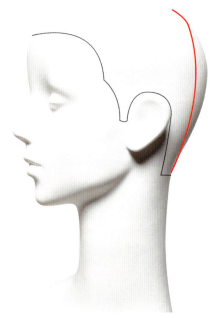

人によって骨格が違う。

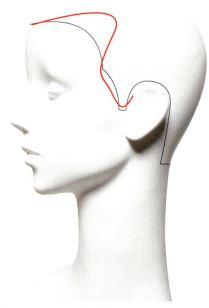

人によってヘアライン（生え際のかたち）が違う。

素材には「違い」がある

素材にはどんな「違い」があるのでしょうか？
まずは、デザインの設計や仕上がりに
大きく関わる「違い」から整理。

人によって髪の密度が違う。

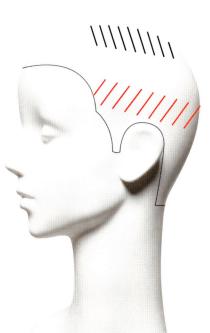

人によって髪質が違う。

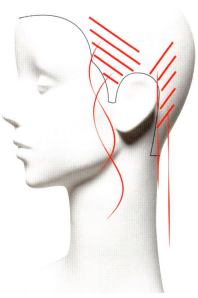

人によって髪のクセが違う。

素材のディテールをとらえよう

効率的なデザイン設計には、素材の「違い」を前提に、
さまざまな要素のディテールをしっかり把握することが必要です。

骨格の丸みをとらえる

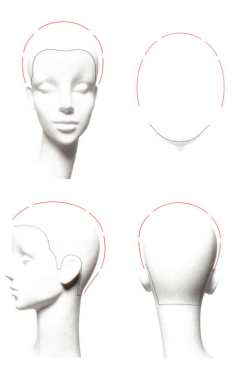

「丸み」といってもディテールはさまざま。

毛流れの特徴をとらえる

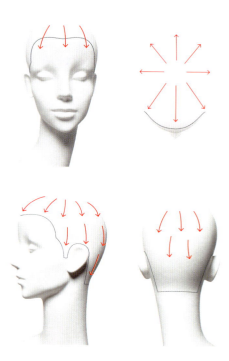

頭頂部付近は放射状に広がる。

備考／もし骨格が四角かったら……？

骨格や毛流れの特徴は人それぞれ。
というわけで、ここでは頭のかたちが角張っているケースを紹介。
左ページで解説した内容との「違い」を検証します。

骨格の形状は？

毛流れは？

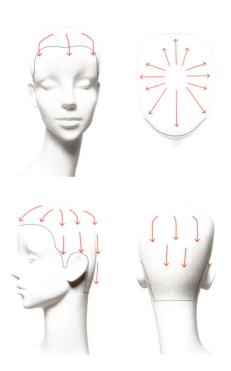

ハチが張り、後頭部にくびれがない。

ハチより下は、真下に落ちる部分が広くなる。

パーツの性質を知ろう

全体的な骨格や毛流れの性質を把握できたら、頭を「パーツ」に分け、
それぞれ仕上がりのデザインで担う役割を考えてみましょう。

重力の影響で髪は下に向かって落ち、
また頭は「丸い」ため、髪に重なりが生じます。
それがデザインにどんな影響をもたらすのでしょうか？

パーツ1／表面になる部分（頭の上側）

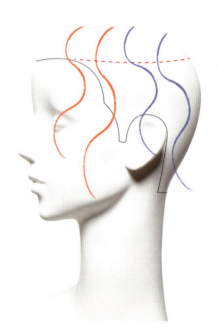

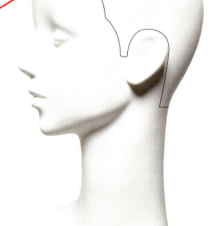

ここを前後に分けると……

顔にかかって……
→「**顔まわりの
ニュアンス**」
を形成

かたちの表面に重なって……
→ヘアスタイル全体の
「**表情とムード**」を形成

頭の上側は、ヘアスタイルの表面を形成。
見た目の「質感」をつくる。

→デザインの「**色気**」を形成

パーツ2／内側になる部分（頭の下側）

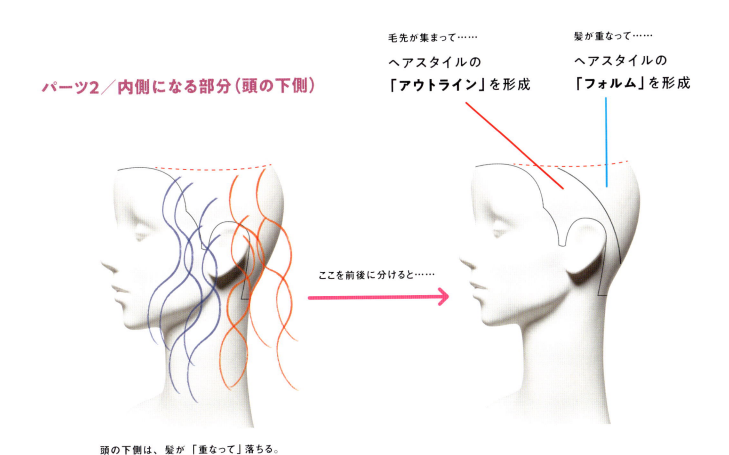

毛先が集まって……
ヘアスタイルの「**アウトライン**」を形成

髪が重なって……
ヘアスタイルの「**フォルム**」を形成

ここを前後に分けると……

頭の下側は、髪が「重なって」落ちる。
→ヘアスタイルの「**かたち**」を形成

**ヘアスタイルは建物と同じで、
土台が不安定だと高い建物はつくれない。**

土台を整え……

建物のキソをつくり……

**デザインを設計する際は、
ヘアスタイルの土台となる下側
（フォルムとアウトライン）
から安定させていくのが効率的。**

柱を立てて……

屋根を被せる。
ヘアスタイルのデザイン設計は、積木で家を建てるプロセスと同じ。

曲面にフィットするかたち

カットと同じく「丸い頭」をベースにするパーマ。
どうすれば、その「曲面」にフィットするテクニックが可能になるのでしょうか？

「球体」を分割するには

P30-37でふれたように、パーマでボリュームを出す（髪の密度アップ）ためには、ロッドをより多く巻くことも1つの有効な手段。そうなると、球体である頭をムダなく分割することが必要となります。

そこで球体の曲面を効率よく、また各部位の特性をつかみやすいよう、規則的に分割する方法を知るためのヒントとして、サッカーボールに着目。

球面全体に、2種類のかたちがフィットしている。

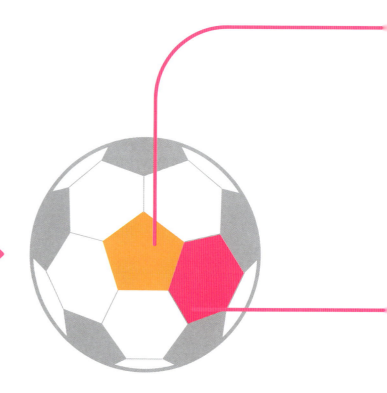

2つのかたちとは、五角形と六角形。
それぞれをもう少し細分化してみると……

「三角形」をベースにすれば、骨格という
丸みを帯びた曲面も、ムダなく効率的に分割できる。

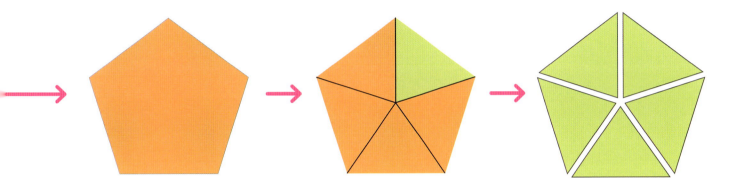

五角形と六角形を均等に分割するため、
斜めの線をあて込んでみると……

どちらにも三角形が出現。
このかたちが最小単位。

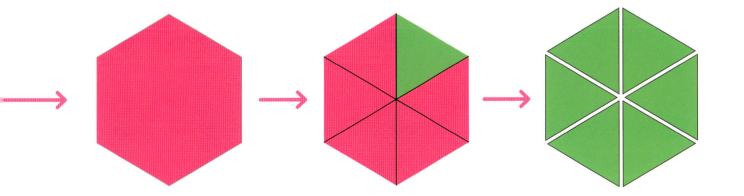

丸みになじむ「線」とは

前ページで解説した「三角形」を、実際のテクニックで活用するには、その「線」に着目する必要があります。すなわち、「斜め」です。

P30-33で紹介した「毛糸の玉」をよく見てみると、この球体はさまざまな「線」でつくられていることがわかります。多種多様な角度の「線（＝毛糸）」がぐるぐる巻かれ、球体になっており、そこには「斜め」の線で囲まれた三角形を見出すことも可能。裏を返せば「さまざまな三角形を形成する、多種多様な斜めの線」が球体にフィットする、と考えることができるはず。

そこで、どのような線が球体にフィットするのかを次のページで検証。直線的なラインが球体にフィットするとどうなるのかに注目してください。

実験／どんな「線」が球体にフィットする?

使用するのは2種類の球体と、平行に並べた赤白のゴム（直線）。
このゴムを球体に押しあてた状態を真上から見ると、「線」はどのように変化するのかを見ていきます。

**実験1／
「真円状の球体」に
平行な線を
押しあててみる**

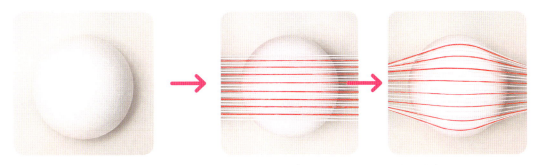

球体の中央（最も出っぱっている部分）に対し、左右に行くほど線が湾曲し、斜めの角度が強くなっている。

**実験2／
「卵型の球体」に
平行な線を
押しあててみる**

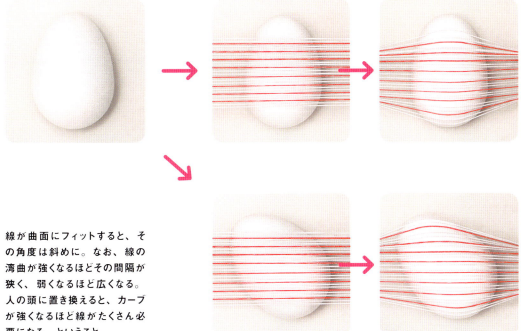

線が曲面にフィットすると、その角度は斜めに。なお、線の湾曲が強くなるほどその間隔が狭く、弱くなるほど広くなる。人の頭に置き換えると、カーブが強くなるほど線がたくさん必要になる、ということ。

「線」の角度と使い分け

ここまで掘り下げてきた
「球体へのアプローチ方法」を
実際のパーマテクニックに活用するとき、
まず選択するべき要素が「スライス」。
ここではその軸となる
「斜め」「横」「縦」各スライスについて、
それぞれの性質を整理します。

ボリュームをどこにどれだけ
出すかをふまえ、
この3つのスライスから選択、
またはアレンジすることが、
パーマによるデザイン設計の
第一歩となる。

斜めスライス

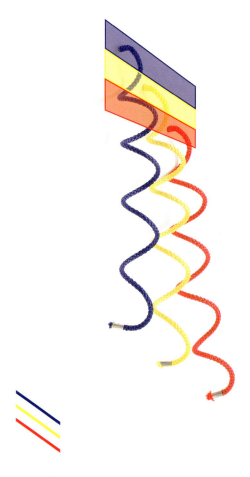

スライスが斜めに重なる
＝パーマをかけた毛束が重なる部分とあまり重ならない部分ができる。

↓

ボリューム＝  中

CHAPTER 1　パーマでデザインするためのキソ　●　素材の性質を理解する

横スライス

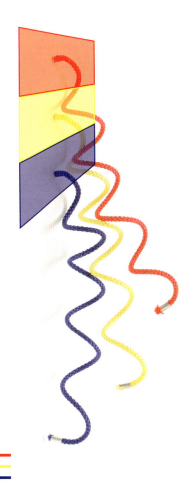

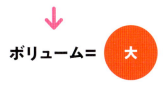

スライスが積み重なる
＝パーマをかけた毛束がそのまま積み重なる。

↓

ボリューム＝ 大

縦スライス

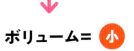

スライスが左右に展開
＝パーマをかけた毛束が重ならず、そのまま落ちる。

↓

ボリューム＝ 小

VISUAL
TECHNIQUE
BOOK

CHAPTER 2

パーマでつくる「かたち」

パーマで操作する「髪の密度＝ボリューム」は、
ヘアスタイルやフォルムを劇的に変える力があります。
ここでは、ヘアデザインのベースとなる「かたち」のためのパーマについて整理します。

1つひとつの毛束の重なりを しっかりとイメージしよう

ヘアデザインは、「アウトライン」と「フォルム」によってつくられ、その組み合わせでバリエーションを広げます。パーマデザインも同様に、アウトラインという線の表情と、フォルムという髪の重なりによって生み出されるのです。つまり、この2つに対してパーマがどう作用するのか、どう作用させるのかを考えることが大切。カットでつくる「かたち」があってこそ、パーマは生き、幅広いデザインにつながるのです。

そこでCHAPTER 2では、アウトラインとフォルムのベースであり、パーマをのせる土台であるカットベースを軸に、ボリュームを遊ぶ方法について学びます。

パーマの「シルエット」と「重量感」

まずはパーマでつくられる
シルエットの基本形を紹介。
デッサンのみで構成したP18-19と見比べて、
どんなかたちになるか、
またどこに「重量感」が
必要になるのか考えてみましょう。

スクエアシルエット

Iシルエット

Aラインシルエット

逆三角形シルエット

ひし形シルエット

ラウンドシルエット

Sシルエット

アウトライン＋パーマで実験
シルエットの「縦長感」と「おさまり」

ヘアスタイルは「アウトライン」と「フォルム」の組み合わせ。
そこで、まずは「アウトラインの段差」が
パーマのシルエットをどう変えるのか実験。

実験1／カットベースがワンレングスの場合

《実験概要》
- カットベースは水平ラインのワンレングス。
- 髪の密度（ボリューム）を「全頭均一にアップ」と、「上を低く、下を高く」に設定。
  〜①と③、②と④は同じ構成のパーマ。

1 髪の密度（ボリューム）を
「全頭均一にアップ」すると
↓
シルエットがおさまらない。
大きく広げたい場合向き。

2 髪の密度（ボリューム）を
「上が低、下が高」にすると
↓
シルエットがおさまりにくい。
ボリュームがほしい場合向き。

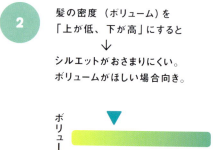

実験2／アウトラインにだけL（レイヤー）を加えた場合

《実験概要》
- 「実験1」の顔まわりのアウトラインにのみレイヤー入れた状態（表面はレイヤーなし）。
- 「実験1」と同様、髪の密度を「全頭均一にアップ」と、「上を低く、下を高く」に設定。
　〜③と①と、④と②は同じ構成のパーマ。

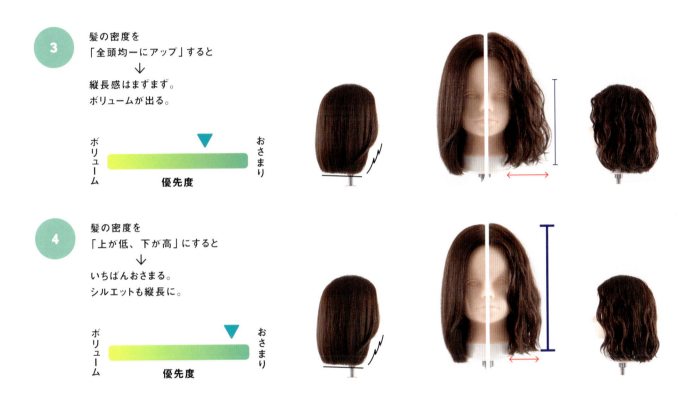

③ 髪の密度を「全頭均一にアップ」すると
→ 縦長感はまずまず。ボリュームが出る。

④ 髪の密度を「上が低、下が高」にすると
→ いちばんおさまる。シルエットも縦長に。

シルエットの「縦長感」「おさまり」重視なら、カットでアウトラインに少しレイヤーを入れ、密度に強弱をつけるパーマを組み合わせるのがベスト。 **カットとパーマを組み合わせたほうが、目指すシルエットをつくりやすい。**

アウトライン+パーマで実験
密度で探る「重量の位置」

P62-63の実験結果を受け、ここではアウトラインのかたちを変え、さらに実験。
3つアウトラインと髪の「密度」のバランスで変わる
「重量の位置」を検証します。

《実験概要》
- 逆三角形、ラウンド、Sシルエットの各シルエットを目標に、ワンレングスのままアウトラインの形状を変える（レイヤーなし）。
- 目指すシルエットに合わせ、パーマで髪の密度を調整。
- 完成したシルエットのかたちと「重量の位置」を検証。

実験1／逆三角シルエット

上は髪の密度を上げ、下は密度を下げる。

逆三角形シルエットを目指してアウトラインを変え、高い位置に重量をつくり、さらにパーマで髪の密度を「上を高く、下を低く」すると、シルエットの重量感も高い位置にできる。

実験2／ラウンドシルエット

密度
低
↕
高

フラットな上側は低め、下側は高めになるようパーマをプラス。

ラウンドシルエットを目指してアウトラインを変え、中間の高さに重量をつくり、
さらにパーマで髪の密度を「上を低く、下を高く」すると、シルエットの重量感も中間部分にできる。

実験3／Sシルエット

密度
低
高
低

厚みのある中間は密度を高く、それ以外は低くなるようにパーマをプラス。

Sシルエットを目指してアウトラインを変え、くびれができるようにし、さらにパーマで髪の密度を
「上を低く、中間を高く、下を低く」すると、重量感も中間の高さにできる。

アウトラインを変えるだけでも、目指す
シルエットのバランスをつくることは可能。
ただフィット感、立体感はもう一歩……

フォルムに「段差」を加えたらどうなる？

フォルムで実験
パーマのシルエットに必要な「段差」とは

前ページまでの実験で、アウトラインを変えるだけでもパーマのシルエットを変えられることがわかりました。そこで、ヘアスタイルをつくるもう1つの要素、「フォルム」に「段差」を加えるとどうなるのでしょうか？

《P62-63の実験》
アウトラインの段差とシルエットの「縦長感＋おさまり」との関係

アウトラインにだけ
少し段を入れた
カットベースが、
最もねらい通りの
シルエットに仕上がる。

《P64-65の実験》
アウトラインの形状とシルエットの「重量の位置」との関係

目指すシルエットに
合わせて
アウトラインと
髪の密度を操作すれば、
「重量感」自体は
目標の位置にできる。

シルエットのフィット感、立体感をさらに高めるには、
ヘアスタイルをつくるもう1つの要素
「フォルム」に段を入れることが必要では?

↓

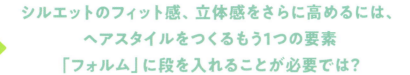
逆三角形シルエットで実験!

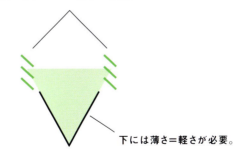

上にボリューム＝重さが必要。

下には薄さ＝軽さが必要。

実験／パーマのフォルムに「必要な段差」をあぶり出す

いつもは「カット→パーマ」がプロセスのセオリーですが、
ここでは「逆」の手順で目指すシルエットに「必要な段差」をあぶり出していきます。

《実験の概要》
- ●ワンレングスのカットベースに、シルエットをわかりやすくするため、全頭均一にハードパーマをかける。
- ●目指す「逆三角形シルエット」を削り出す（バリカンを使用）。
- ●「逆三角形シルエット」ができた後、オーバーとアンダーの段差をチェック。
- ●髪をストレートに戻してシルエットを確認。

パーマで均等にふくらませた状態。
右サイドはワンレングスのまま。

バリカンで余分な部分を削る。

逆三角形シルエットに成形。

オーバーセクションからパネルを引き出すと……

→ **骨格に対して上が長く、
下が短い（G）。**

アンダーセクションからパネルを引き出すと……

→ **骨格に対して上が短く、
下が長い（L）。**

ストレートに戻すと、シルエットは
立体感や奥行きを感じる「逆三角形」に。

**パーマでシルエットをつくるには、
アウトラインの設定だけでなく、
フォルムに段差を入れることも有効。**

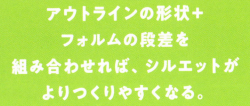

アウトラインの形状＋
フォルムの段差を
組み合わせれば、シルエットが
よりつくりやすくなる。

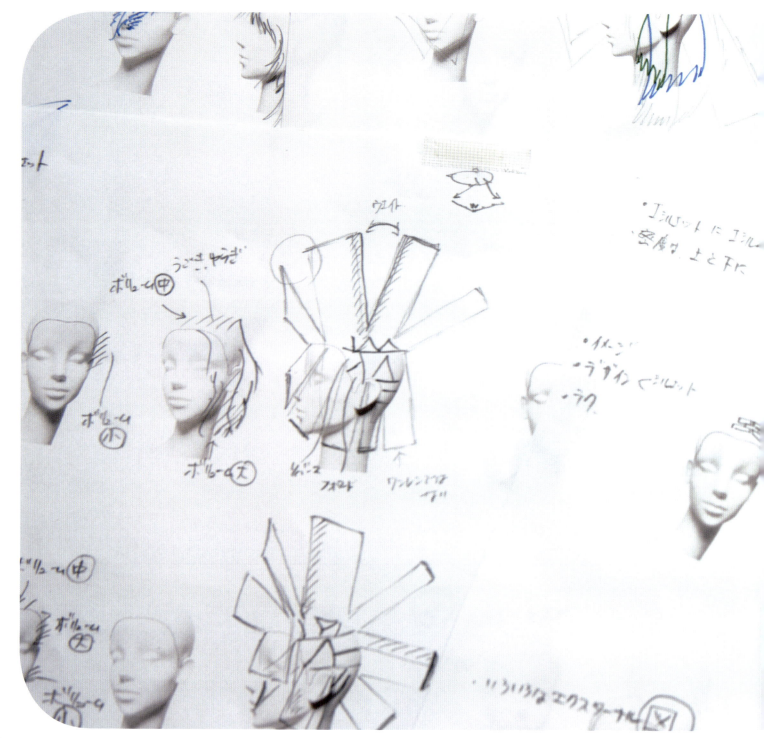

シルエットをつくるアウトラインと段差の組み合わせ

ここからは、P60-61で紹介した
「7つの基本的なシルエット」を
形成しているカットベース、
つまり「もとのかたち」について掘り下げます。
パーマでつくるシルエットの
デザイン性や安定感は、
カットベースの構成が大きく影響するのです。

- □ O/S＝オーバーセクション
- □ M/S＝ミドルセクション
- □ U/S＝アンダーセクション
- □ G＝骨格に対して上が長く下が短い状態（グラデーション）
- □ L＝骨格に対して上が短く下が長い状態（レイヤー）
- □ SL＝骨格に対して上下の長さが同じ状態（セイムレイヤー）
- □ HL＝骨格に対して上が極端に短く下が長い状態（ハイレイヤー）

スクエアシルエット

O/Sが軽く（L）、
U/Sに重さ（G）があって四角い。

Iシルエット

O/Sはフラット（L）で
U/Sに重量（G）があり、縦長。

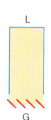

Aラインシルエット

O/Sは極端に軽く（HL）、
U/Sは重く（G）広がりがある。

逆三角形シルエット

O/Sに重量（G）があり、
U/Sがフラット（L）でシャープ。

ひし形シルエット

O/SとU/Sが薄く（L）、
M/Sに重量（G）がある。

ラウンドシルエット

M/SとU/Sに重量感（G）があり、
O/Sはフラット（L）で全体的に丸い。

Sシルエット

O/SとU/Sが薄く（L）、M/Sに
重量（G）があり、くびれている。

アウトラインと段差の関係性

ここでは前ページで解説した基本の7シルエットの各ダイヤグラムを一覧化。
ストレートの状態と、パーマをかけた仕上がりのサイドビューとを合わせて紹介します。
それぞれ、どんなアウトライン（ピンクの線）と段差（青い線）設定か、そのバランスに注目してください。

スクエアシルエット　　Iシルエット　　Aラインシルエット　　ひし形シルエット

逆三角形シルエット　　　**ラウンドシルエット**　　　**Sシルエット**

―― →アウトライン
―― →段差

フォルムの段差＋パーマで実験
GとLの構成バランス

ここからは、フォルムをつくるGとLの構成バランスと、
それがパーマのシルエットにどんな影響を与えるのかについて考えていきます。

実験1／
100%「G」の
フォルム＋パーマ

《実験概要》
- Gのみで構成したフォルムにパーマをかけ、シルエットの重量感をチェック。

フォルムをつくる段差は、すべてGで構成。

ストレートダウンした状態。
ここにパーマをかける。

ウォッシュアウトしたら、
クセがつかないように静かに
ドライ。

仕上がり。
フォルムのウエイトが目立ち過ぎている。

**Gだけのフォルムでは、
髪の密度が上がりやすく、
ウエイトが強く出やすい。**

**軽さのモトとなる
「L」を組み合わせることが必要。**

アングルを「1つ上」に設定し パーマのための軽さを加える

パーマを加える場合、Gだけでフォルムをつくると
必要以上に重量感が出てしまう可能性が高くなります。そうした場合は……

| 表面の長さを変えず、目指すフォルムをつくる段差より、「1つ上」の軽さが得られるアングルでカット。 | → | パネルの下側が「L（＝上が下より短い）」になる。つまり軽くなる。 | → | 「骨格に対する長さ」に注意し、頭の丸みに合わせてパネルを操作することが大切！ |

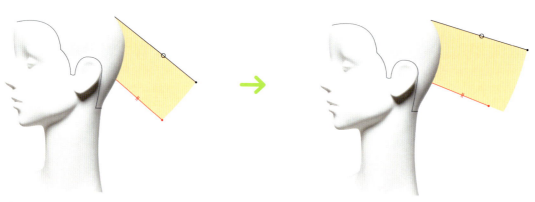

すべてGだとウエイトが
強く出過ぎてしまう。

表面の長さを変えずにアングルを
1つ上げると、下側に軽さ（L）ができる。

CHAPTER 2　パーマでつくる「かたち」　● シルエットをつくる アウトラインと段差の組み合わせ

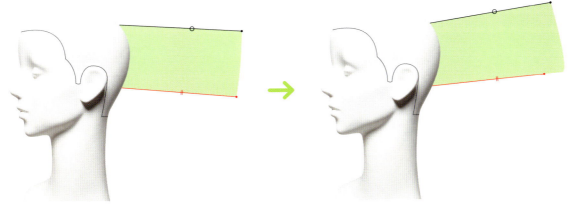

G〜SL のフォルムが
ほしい場合も……

アングルを1つ上げて下側に L を仕込む。

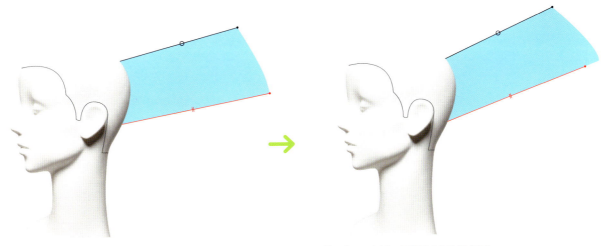

SL〜L〜HL のフォルムを
つくる場合も……

アングルを1つ上げ、下側をさらに軽くする。

次のページの実験で、このロジックを検証する。

実験2／「1つ上」を検証
～実験1の「1つ上」の段差を入れたフォルム＋パーマ

《実験の概要》
- P76の実験1より「1つ上」のアングル（Gが70％、Lが30％になる）でフォルムをつくる。
- 実験1と同じパーマ、ドライイングを施す。
- ウエイト付近の重量感をチェック。

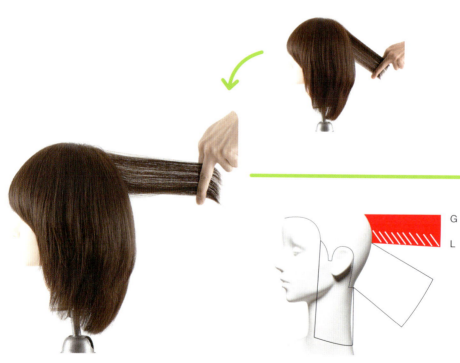

実験1のアングル

P76の実験1よりアングルを1つ上げた段差でフォルムをつくる（Lの要素を加える）。

実験1の仕上がり

↓

→

実験1と同様、静かにドライ。

→

ストレートダウンした状態。
ここに実験1と同じパーマをかける。

仕上がり。適度な重量感があり、
シルエットがおさまっている。

**頭の丸みに対する長さをしっかりとらえ、GにLを加えることが、
おさまりの良いフォルム&シルエットづくりにつながる。**

備考／カットベースがワンレングスで表面に段差をつけたくないときは？

「1つ上のアングル」で段差をつくれば、
フォルムとシルエットはきれいにおさまります。
ただ、表面に段差をつけたくない場合は
どうするべきでしょうか？

ワンレングスの場合は、
下の長さをキープし……

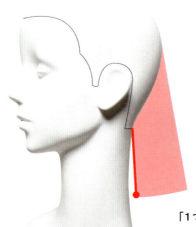

「1つ上」のGにすれば解決。
ただし表面に段差ができる。

表面に段差を一切入れたくない場合は、レングス自体（アウトライン）に変化をつけ、「下より上を短く」する。

こうすればワンレングスでもムダなボリュームを出さず、頭の丸みにフィットしたパーマをかけることができる。

フォルムをおさめるコツ
"ロッド1本分のディスコネクト"

フォルムのおさまりを重視したいとき、または表面の質感をフォルムにフィットさせたいときのコツが「ロッド1本分のディスコネクト」です。

> フォルムに軽さを出すため、O/SとM/Sをディスコネクトしようとすると……
> ↓
> M/Sを切り込み過ぎてしまいがち。

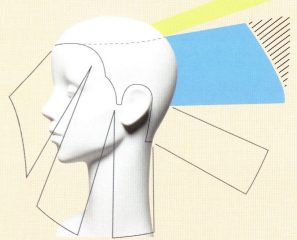

斜線部分がつなげない箇所。M/Sをここまで切り込んでパーマをかけると、表面が浮き、フォルムのかたちが変わってしまう。

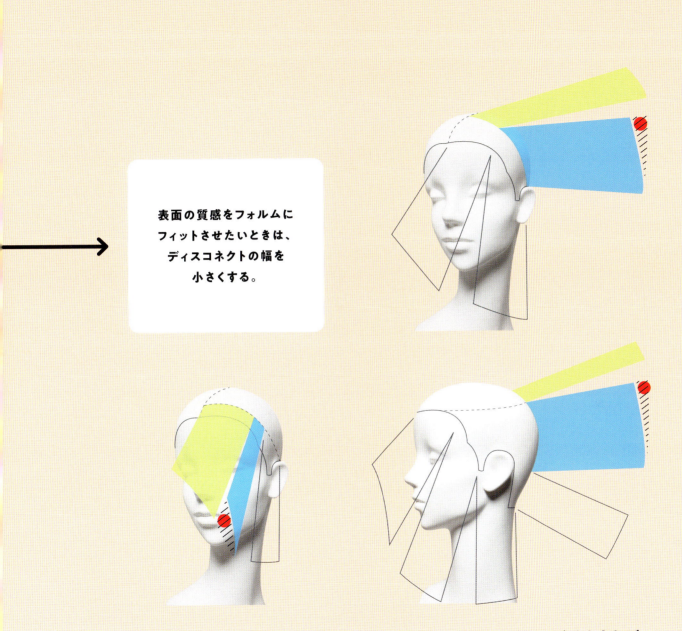

表面の質感をフォルムに
フィットさせたいときは、
ディスコネクトの幅を
小さくする。

M/Sの斜線部分を、O/Sに巻くロッド1本分（赤い丸）の幅だけディスコネクトすれば、
パーマをかけてもフォルムがおさまり、表面の質感も生きる。

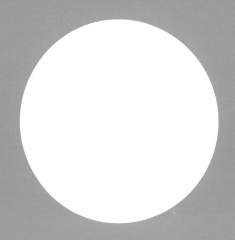

VISUAL
TECHNIQUE
BOOK

CHAPTER 3

パーマでつくるニュアンスとムード

CHAPTER 3では、「イメージ」の表現につながるパーマのデザイン要素と、そのしくみについて掘り下げます。
デザインの「なぜ」をひもとくことが、表現の幅を広げてくれるのです。

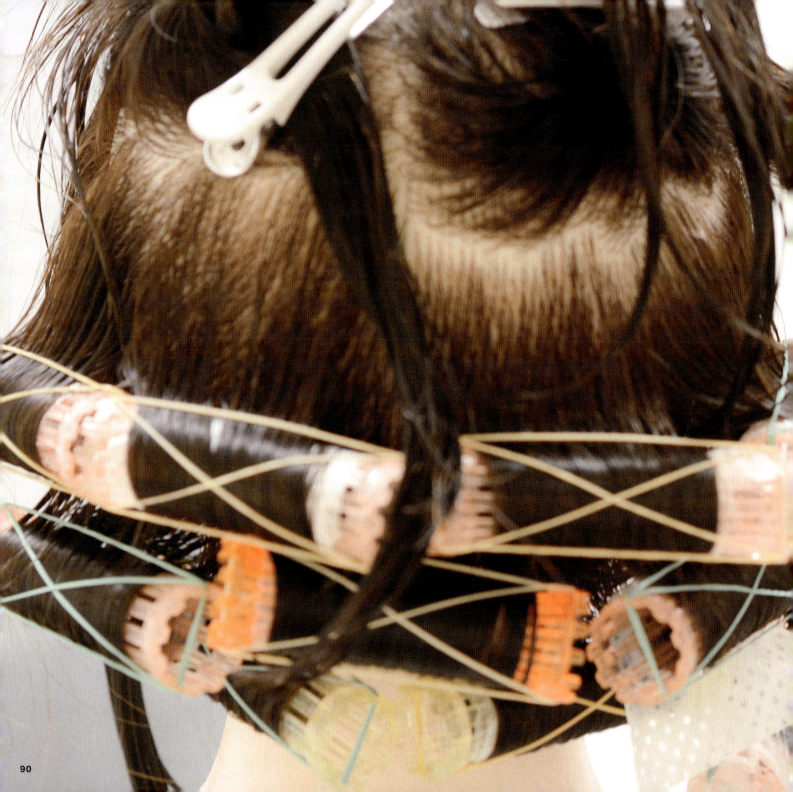

パーマが変えてくれるもの
パーマのために変えること

当然のことですが、パーマはストレートヘアのスタイルが持つイメージを大きく変えます。では、どうして変えることができるのでしょうか?

またイメージを「変えられる」ということは、デザインの「幅を広げられる」ことでもあります。そして、その根幹にある「変わる要素」を理解することが、デザインの質を高めてくれるのです。

パーマは髪を曲げるもの。髪が曲がるとヘアスタイルの表情は一変します。変わるものは何か、また変えるためにはどんな準備をするべきでしょうか。ここからは、パーマデザインのイメージを支える「顔まわりのニュアンス」と、「表情とムード」の設計について学びます。

パーマでつくる「顔まわりのニュアンス」

イメージを変える要因として、まずはパーマが顔まわりに与える影響を検証。
ストレートヘアでは得られない、動きや質感の「ニュアンス」について考えます。

顔まわりのニュアンスにつながる要素①
～「肌」の見え方・見せ方

ストレートヘアとは異なる「顔まわりのニュアンス」に関して、
まずは「肌＝顔」の見え方について掘り下げます。

パーマが変える「顔の見え方」

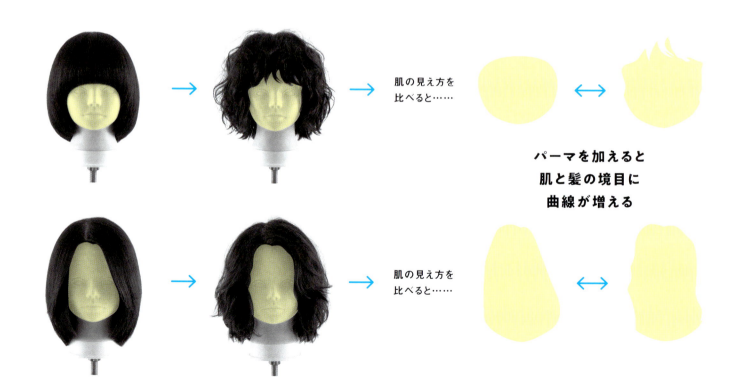

パーマは顔まわりに曲線を増やすため、
デザインやイメージにやわらかいニュアンスを加えてくれる。

顔まわりのニュアンスにつながる要素②
〜「パート」の設定について

顔まわりのデザインに大きく影響するのがパート。
パーマデザインでも、その設定は顔の見え方、
顔まわりの見せ方に大きく影響します。

パートの有無で変わる顔まわり

パートあり　　　　　　　　　　**パートなし**

> レングスに関係なく、パートを変えると毛流れが変わるため、
> 肌の見え方が変化する。

パート設定のポイント
〜つむじの位置に注意

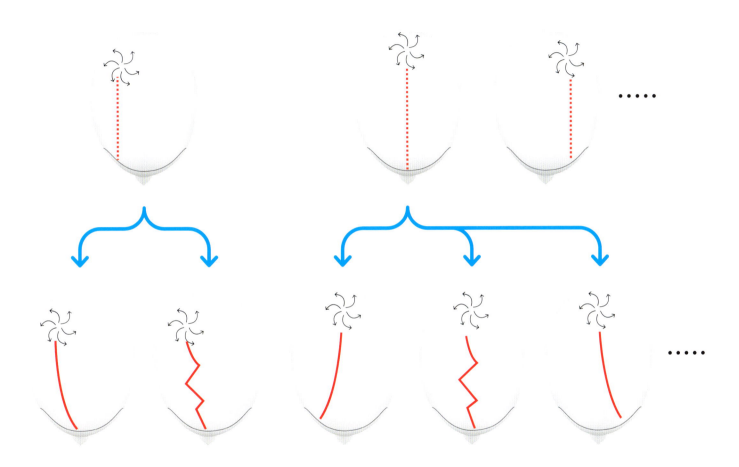

つむじの位置や数を把握し、そこを起点にフロントへ線を引くのがパート設定のキホン。
この、パートの軌道で顔の見え方が変わる。

顔まわりのニュアンスにつながる要素③
〜前髪の段差と「肌の透け方」

続いては、パーマで曲線を加えた前髪そのものの表情について。
段差構成が変わると、ニュアンスにはどんな変化が生じるのでしょうか。

前髪のアウトラインがGの場合

1

アウトライン G
×
表面 G

ライン　　　　　　　　　　すき間
　　　　　前髪のニュアンス

2

アウトライン G
×
表面 L

ライン　　　　　　　　　　すき間
　　　　　前髪のニュアンス

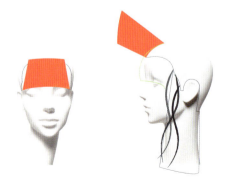

ラインの厚みが印象的で、肌はほぼ透けない。
曲線的な面の印象が強い。

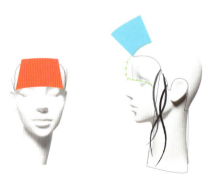

アウトラインの厚みに加え、毛流れと束感が
少し出る。透け感は控えめ。

前髪のアウトラインがLの場合

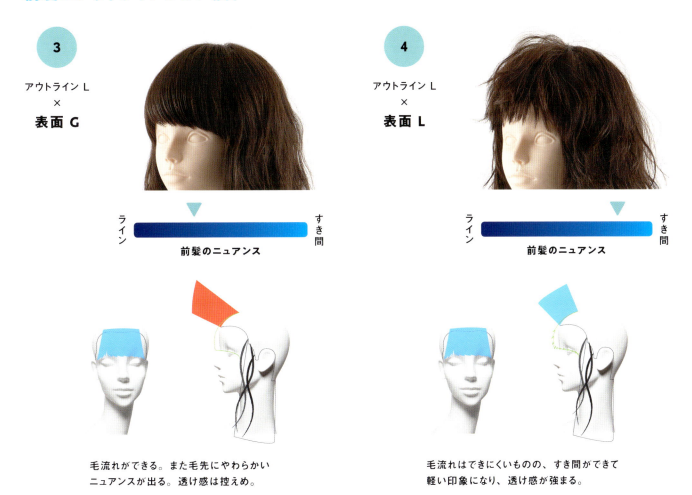

3 アウトライン L × 表面 G

毛流れができる。また毛先にやわらかいニュアンスが出る。透け感は控えめ。

4 アウトライン L × 表面 L

毛流れはできにくいものの、すき間ができて軽い印象になり、透け感が強まる。

> 前髪にパーマをかける際は、長さや幅の設定だけでなく、段差の構成にも要注意。
> GとLのバランスが変わると、パーマの力で肌の見え方（透け方）が大きく変わる。

顔まわりのニュアンスにつながる要素④
〜前髪とアウトラインのつながり

肌の見え方に大きく影響するのが、前髪とアウトラインの関係。
両者をどう構成するかで、顔まわりのニュアンスが大きく変わります。

1

アウトライン：つなげない
×
段差：つなげる

2

アウトライン：つなげない
×
段差：つなげる

顔〜首周辺にすき間ができて、
顔まわりのウエーブがしっかり出る。

顔〜首周辺のすき間が狭く、
顔まわりのウエーブがゆるやかになる。

③

アウトライン：つなげる
×
段差：つなげる

顔～首周辺のすき間がほぼなくなり、
ウエーブが顔になじむ。

前髪とアウトラインをつなげるか、
つなげないかで、顔に対する
ウエーブのなじみ方が変わる。
最終的なウエーブを、
顔にどの程度フィットさせるか、
ベースカットの段階で
決めておくことが大切。

顔まわりのニュアンスにつながる要素⑤
〜「上から見てひし形」のフォルム

顔まわりに「奥行き」を加え、デザイン全体の立体感を高めるのが
「上から見てひし形」のフォルム。その設計方法を整理します。

「ひし形」をつくるボリューム感の操作

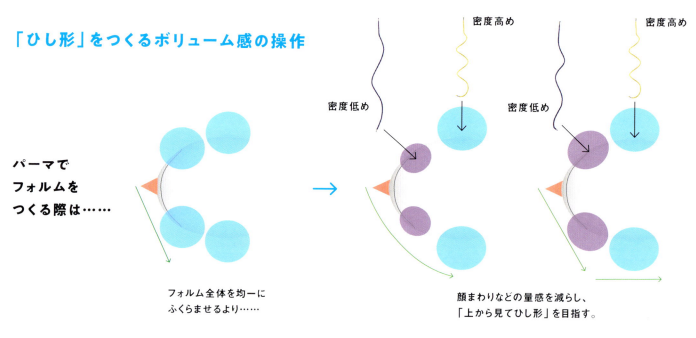

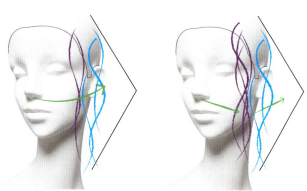

前髪〜トップの段差構成

ひし形つくりのポイントとなる「顔まわりに落ちる髪」。
その段差をパーマの前にどう設定しておくかで、仕上がりが大きく変わります。

前髪〜トップを
つなげない

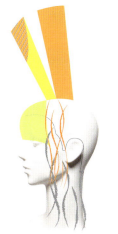

顔まわりが重くなる。
前髪とサイドの量感に
ギャップが生じる。

前髪〜トップを
つなげる

顔まわりと前髪がなじむ。
前髪からサイドに
奥行きが出る。

> パーマをかけるなら、前髪〜トップをつなげつつ、
> フォルムの厚みを削っておいたほうがベター。再現性も高まる。

パーマでつくる「表情とムード」

パーマには、ストレートヘアでは
出せない表情があり、それが雰囲気、イメージ、
女性像表現の幅を広げてくれます。
ここからは、この「表情」と、
それによって生まれる全体の「ムード」を
コントロールするための考え方や、
設計方法などについて整理します。

表情とムードをつくる要素①
〜「ボリューム」と「質感」

パーマをかけるとデザインの何がどう変わるのか?
まずはそうした、根本的な部分からおさえていきます。

ストレートとパーマを比べてみると……

ストレートヘアのデザインとパーマデザインで、決定的に「変わる」ものは……

パーマを加えて「変わる要素」

ストレートのスタイルにパーマを加えると、デザインは大きく変わります。
では、具体的に何が変わるのでしょうか？まずは「変わる要素」をピックアップします。

変わる要素① **ボリューム**　　　　　変わる要素② **質感**

↓　　　　　　　　　　　　　　　　↓

CHAPTER 1で解説したように、「ボリューム」は髪の密度を変えるか、より多く巻けるようなスライス設計で操作する。

「質感」はカットベース（アウトラインと段差の構成）の違いによって変化。
つまり「髪がどこに落ちるのか」の違いで設計方法が変わる。

↓

この「質感」について次のページから解説。

表情とムードをつくる要素②
〜髪の落ち方と「たわみ」の操作

パーマによる「質感表現」には、「どこの髪がどこをつくるのか」を
理解する必要があります。それを決める「髪の落ち方」をおさらい。

「髪の落ち方」について

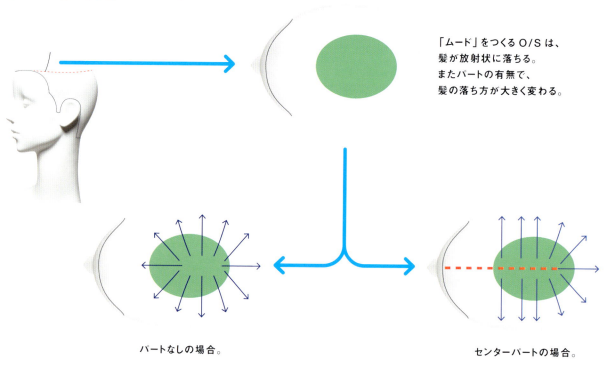

「ムード」をつくる O/S は、
髪が放射状に落ちる。
またパートの有無で、
髪の落ち方が大きく変わる。

パートなしの場合。

センターパートの場合。

> 状況によって落ち方が変わる毛流れに対し、どんなパーマをかければ
> 「質感」や「ボリューム」を表現できるのかを理解すること。

「質感表現」のポイント

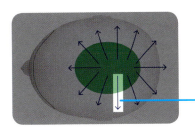

ヘアスタイルの表面となるセクション（O/S）の髪は、
基本的に放射状に広がって落ちる。
落ち方が1本1本異なる髪に、どんなパーマをかければ
「質感」を表現できるのだろうか？

↓

→「髪の落ちる方向」に対して、
ロッドをどう配置するかが重要。

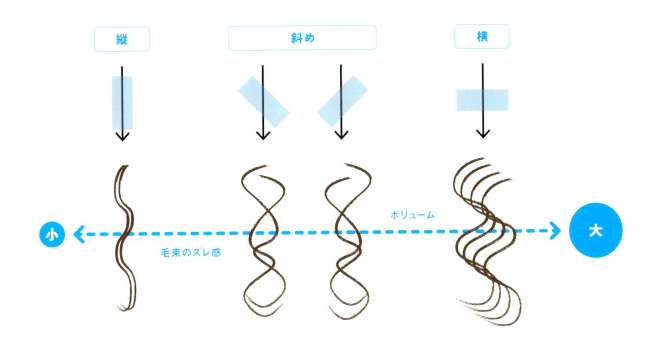

ただし……、「質感」だけがほしくても、パーマをかけると、必ず少しは「ボリューム」が出る。
この2つを同時にコントロールしやすいのが、ロッドを「斜め」に配置する方法だ。

表情とムードをつくる要素③
～「ステムと方向」のコントロール

続いては、ワインディングのテクニックと効果について整理。
引き出したパネルをどう巻くか、その積み重ねが全体のムードをつくります。

ステムの操作とデザイン効果

「ステム」とは、ロッドを巻く際に引き出すパネルの「角度」。
これによって、得られる効果が「ボリューム」か「質感」か変わります。

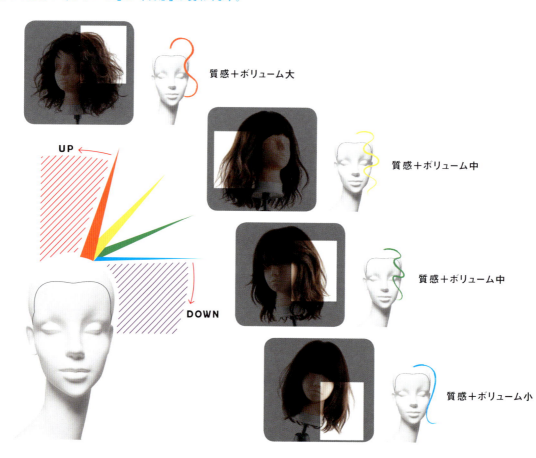

パネルを引き出す方向とデザイン効果

パネルを「引き出す方向」も、ボリュームと質感をつくり分けるポイント。
また、パネルにロッドをどうあてるかでも効果が変わります。

	ロッドを「内側」にあてる	ロッドを「外側」にあてる
パネルを「前」に引き出して……		
パネルを「後ろ」に引き出して……		
パネルを「真下」に引き出して……		

これらを使い分け、ボリュームと質感を「つくり分ける」ことが大切。

パーマデザインの
ウエイトコントロール

パーマスタイルにおいても、フォルムやシルエットのバランス的な中心軸となるのが「ウエイト」です。
ウエイトはM/Sの構造によってコントロールされるため、
その設定次第で表面の「質感」をつくるセクション設定（範囲）が変わります。
ストレートスタイルよりボリュームが強調されるパーマのデザインづくりでは、
そのバランスを慎重に決めることが大切。
ここからは、こうしたバランス操作をベースに、質感とウエイトづくりについて掘り下げます。

ウエイトづくりのポイント①
〜正面から見たときのウエイト操作

まずはフロントビューにおけるウエイト操作について。
レングスが変わると、O/SとM/Sの分量的なバランス（境目の位置）が自然と変わります。

カットベース
＝ストレート
の状態

O/SとM/Sの
「境目」の設定

仕上がりの
状態

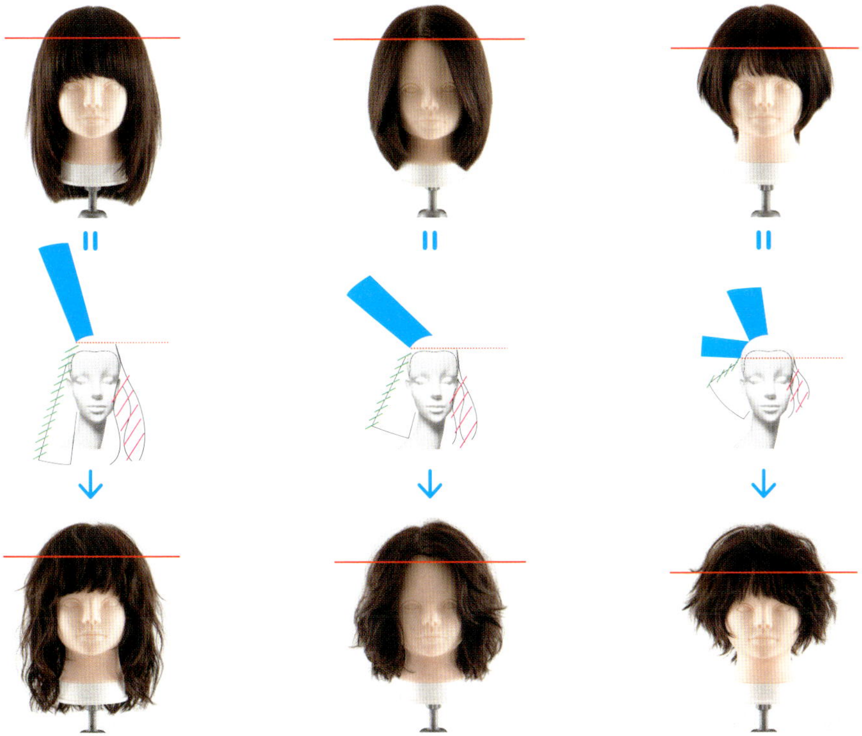

> M/Sに重さがあると、全体のバランスをとりやすい。
> ただしレングスが変わるとセクションの位置が変化する。
> →すべてO/S＜M/Sがベター。

ウエイトづくりのポイント②
〜横から見たときのウエイト操作

続いては、サイドビューにおけるウエイト操作について。ここからは、違うプロセスでつくられた4つのカットベースに、全く同じ構成のパーマを加えた4つの仕上がりを検証します。

検証1／
前にオーバーダイレクションをかけて切る＋パーマ

まずは「前から切る」プロセスでつくったカットベースに、パーマを加えた仕上がりを検証。

ベースカットのスライス設計

オーバーダイレクションの設計

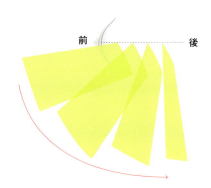

前　　後

カットプロセス
（U/Sはワンレングス）

切り口とコーナーの状態

前　後

ROD ON（共通）

パーマをかけると
バックの低い位置に
厚みとやわらかさが
出る。

ベースカット終了

↑　↓

仕上がり

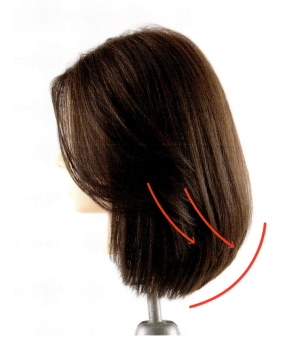

検証2／
後ろにオーバーダイレクションを
かけて切る+パーマ

次は「後ろから＝段差から切る」
プロセスでカットし、
パーマを加えたケースを検証。

**ベースカットの
スライス設計**

**オーバーダイレクションの
設計**

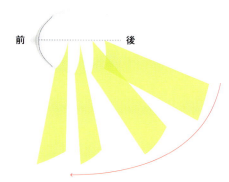

前　　後

カットプロセス
（U/Sはワンレングス）

 →  →  →  →

切り口とコーナーの状態

前　後

ROD ON（共通）

ウエイト感のある
カットベースなので、
パーマをかけると
ややかたくなる。

ベースカット終了

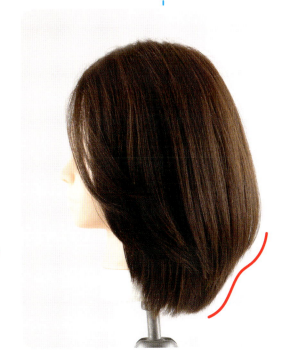

仕上がり

検証3／
後ろから&前から（その1）
+パーマ

続いては、「後ろから」切った後、
「前から」切り返し、
パーマを加えるケースについて。

**ベースカットの
スライス設計**

**オーバーダイレクションの
設計**

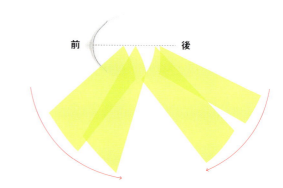

カットプロセス
（U/Sはワンレングス）

 →  →  →  →

切り口とコーナーの状態

前　後

ROD ON（共通）

表面はやわらかい質感になり、ウエイト感がはっきりと出る。

ベースカット終了　　↑　↓　　仕上がり

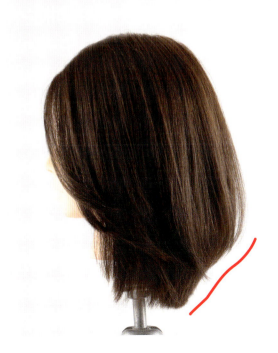

検証4／
後ろから&前から（その2）
＋パーマ

最後の検証は、前ページのケースに、もうひと手間加えるカットプロセス。カットを一手増やすだけで、ウエイトと質感がどう変わるのかに注目です。

ベースカットのスライス設計

オーバーダイレクションの設計

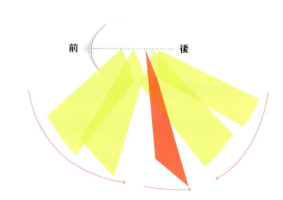

クラウン付近のコーナーを削る

カットプロセス／1〜4は「検証3」と同様（U/Sはワンレングス）

切り口とコーナーの状態

ROD ON（共通）

表面はやわらかく、ウエイト感のメリハリが増し、フィット感が出る。

ベースカット終了

↑　↓

仕上がり

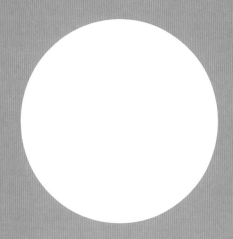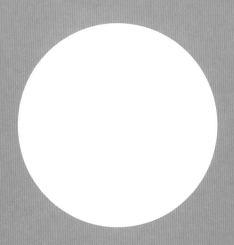

VISUAL
TECHNIQUE
BOOK

CHAPTER 4

実践／
パーマの設計から
デザインまで

CHAPTER 4は実践です。イントロダクションからCHAPTER 3までの内容を、
パーマデザインのテクニックプロセスを通して解説。
どこで、どんな考え方が有効になるのかを整理します。

3つのカットベースで
パーマデザインを組み立てる

ここからは、本書で学んできた内容をベースに、パーマで実際にデザインする工程を解説していきます。INTRODUCTION～CHAPTER 3の内容は、どこでどう生きるのか、またどこで役立てるべきか、その詳細に着目してください。

パーマでデザインする上で大切なのは、パターン的な「巻き方」ではありません。素材の条件をとらえ、目指す仕上がりを実現させるために、どこに何が必要なのかを考えることです。まずは目指す3つのイメージのデッサンを紹介します。これらを具体化するアプローチは何か、しっかり考え、組み立てていきましょう。

DESIGN 1
ミディアムレイヤー × パーマ

DESIGN 2
ボブ × パーマ

DESIGN 3
ショート × パーマ

DESIGN 1
ミディアムレイヤー × パーマ

ここからは実践。 ここまでに整理、解説してきた内容を振り返りながら、
テクニックのプロセスを追います。 どこで何が生かされるのかに注目してください。

カットベースづくり

目指すかたち＝Iシルエット

G-Lの構成

カット終了

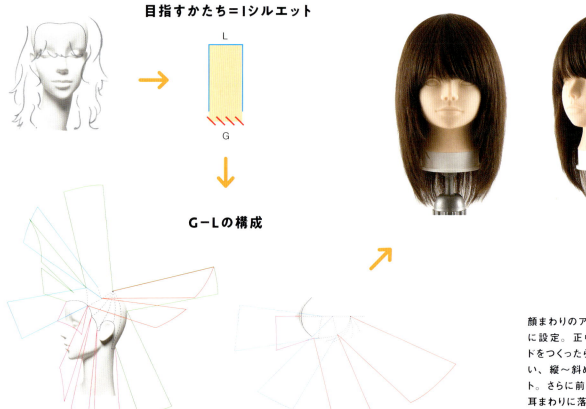

顔まわりのアウトラインを前上がりに設定。正中線にレイヤーのガイドをつくったら、後ろから前に向かい、縦〜斜めスライスで段をコネクト。さらに前から後ろに切り返し、耳まわりに落ちる部分に段差をつくる。前髪の段は O/S とコネクト。

WINDING PROCESS
テクニックと思考の組み立て

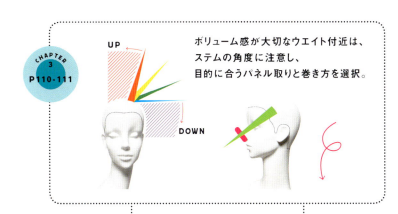

ボリューム感が大切なウエイト付近は、ステムの角度に注意し、目的に合うパネル取りと巻き方を選択。

CHAPTER 3 P110-111

施術はアウトラインから（毛先巻き）。

ウエイトをつくる M/S は、ややリフトアップしながら中間まで毛先巻き。

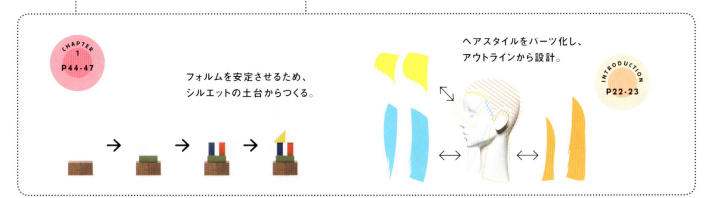

CHAPTER 1 P44-47

フォルムを安定させるため、シルエットの土台からつくる。

ヘアスタイルをパーツ化し、アウトラインから設計。

INTRODUCTION P22-23

CHAPTER 3 P96-97
「つむじの位置」と、顔まわりの「肌の見え方」をふまえてパートを設定する。

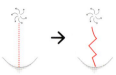

CHAPTER 3 P102-103
「上から見てひし形」を目指して顔まわりの密度を操作。

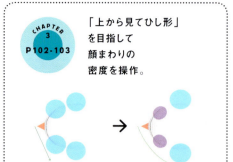

注意!!
ここでステムを下げると根元が動かず、表面の質感がかたくなりやすい。

仕上がりを想定してパートを設定。

→

顔まわりの髪の密度を下げる。

→

円すいロッドで根元の密度をアップ。

→

バックの表面にはやわらかいゆらぎを。

「頭の丸み」にフィットするようにスライスを設定し、三角形のセクションからパネルを引き出す。

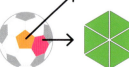

CHAPTER 1 P48-49

132　CHAPTER 4　実践／パーマの設計からデザインまで　★　DESIGN 1　ミディアムレイヤー × パーマ

前髪は頭の丸みに合わせて横スライスを重ね、ボリュームアップ

CHAPTER 1
P52-53

注意!!
1本のロッドで巻くと根元のボリュームが減る。

仕上がり

前髪のセクションは上下2段に分ける。表面はリフトアップしてふんわりと。

ROD ON

1液／オレンジコスメ『ファッソ』カール 1M
2液／オレンジコスメ『ファッソ』カール 2液

水巻きでワインディング後、
1液を塗布して
5分自然放置。
中間水洗後、
2液を5分・5分で
2度づけ。

DESIGN 2
ボブ × パーマ

続いては、ボブをベースにしたパーマテクニックの流れと思考を解説。
ボブのフォルムと質感を両立させるには、どんなアプローチが必要になるのでしょうか？

カットベースづくり

**目指すかたち＝
スクエアシルエット**

G−Lの構成

カット終了

アウトラインはほぼワンレングスで、斜めスライスでGをつなげる。前髪〜顔まわりはラウンド状にし、サイドのアウトラインとコネクト。続いて顔まわりからトップに向けて切り返し、Lをつなげる。また前髪〜フロントはGでつなげ、トップをLに。

注意!!
引き出す方向に注意。
リバース方向に巻くと
根元にボリュームが出て、
シルエットが変わる。

CHAPTER 3　P110-111

目指すシルエットに合わせて、パネルの引き出す方向と巻き方を選択。

WINDING PROCESS
テクニックと思考の組み立て

→ O/S と M/S の境目を決める。 → アウトラインから施術。毛先から中間まで逆巻き。 → 三角セクションでフォルムをつくる。 →

CHAPTER 3　P114-115

ウエイトの高さを想定し、O/S の範囲を決める。

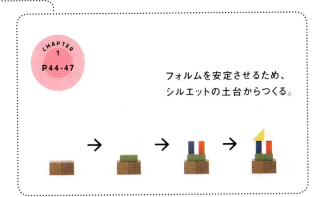

CHAPTER 1　P44-47

フォルムを安定させるため、シルエットの土台からつくる。

目指すシルエットに必要なボリュームを考え、スライスの角度をコントロール。

CHAPTER 1 P52-53

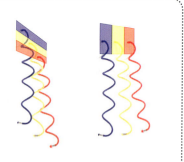

顔まわり〜サイドに落ちる髪の密度を操作して、「上から見てひし形」のフォルムを目指す。

CHAPTER 3 P102-103

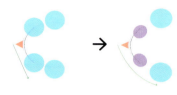

斜めスライスで中間まで毛先巻き。

サイドに落ちる髪は円すいロッドで密度を上げ、顔まわりに落ちる髪は密度を下げる。

斜めスライスの三角セクションを積み上げていく。

CHAPTER 1 P48-49

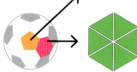

髪が落ちる位置に合わせて「密度」をコントロール。

CHAPTER 1 P34-35

密度＝高 ボリューム＝大	密度＝中 ボリューム＝中	密度＝低 ボリューム＝小

136　CHAPTER 4　実践／パーマの設計からデザインまで　● DESIGN 2　ボブ × パーマ

表面の質感をつくるO/Sでは、
髪の落ちる位置や落ち方、
仕上がり時の肌の見え方をイメージし、
巻き方を変える。

CHAPTER 3 P108-109

仕上がり

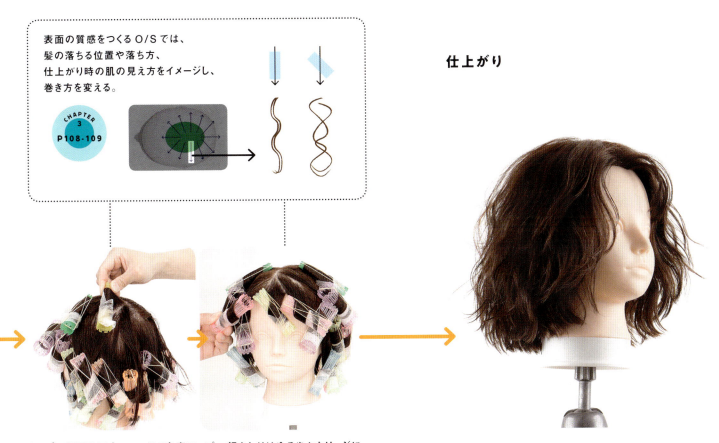

トップの根元は円すいロッドで密度アップ。顔まわりはゆるやかなリッジに。

ROD ON

1液／オレンジコスメ『ファッソ』カール1M：カール1H＝1：1
2液／オレンジコスメ『ファッソ』カール2液

水巻きでワインディング後、
1液を塗布して
5分自然放置。
中間水洗後、2液を
5分・5分で2度づけ。

DESIGN 3
ショート × パーマ

最後のデザインはショートスタイル。レングスが長いデザインに比べ、
最終的に表面に見えるエリアが広くなるショートでは、何を意識するべきなのでしょうか。

カットベースづくり

目指すかたち＝
ひし形シルエット

G－Lの構成

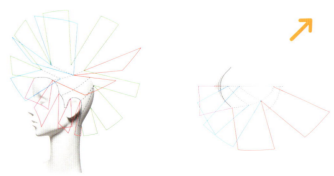

カット終了

バックM/Sの正中線にガイドをつくり、斜めスライスでGをコネクト。顔まわりはラウンド状にカットし、額のカドまでつなげたら、O/Sはバックに向けて切り返し、SL～Lを入れ、サイドにコーナーをつくる。前髪～トップも同様につなげる。

WINDING PROCESS
テクニックと思考の組み立て

CHAPTER 1 P42-43

骨格の丸みと髪が落ちる方向を考えながらワインディング。
また、どこが表面になり、内側になるのかを常に意識する。

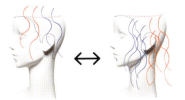

CHAPTER 1 P44-45

つむじまわりは放射状にスライスを設定し、アップステムで髪の密度を上げる。

ステムを下げながらフロントへ。

CHAPTER 1 P48-49

骨格の傾斜や丸みにフィットするスライス、セクションで巻き進める。
また、巻く位置の髪がどこに落ちるかを常にイメージして施術。

CHAPTER 1 P50-51

CHAPTER 3 P108-109

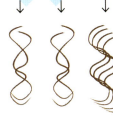

目指すシルエットに
必要なボリュームを考え、
スライスの角度を
コントロール。

CHAPTER 1 P52-53

ショートはO/Sでフォルムと質感の
両方をつくるため、ステムの角度とパネルの方向、
ロッドの巻き方を慎重に決める。

CHAPTER 3 P110-111

 →  →  →

ボリュームと質感の両方を
意識しながら顔まわりまで巻く。

目指すシルエットに必要なボリュームを出すため、
スライスの角度を操作。

CHAPTER 1 P36-37

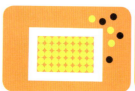

バックサイドと顔まわりに落ちる部分は
密度が上がらないように巻く。

「上から見てひし形」を目指して、
耳まわりのボリュームが際立つように。

CHAPTER 3 P102-103

 →

フォルムのかたちを意識して、髪の密度をコントロール。

CHAPTER 1
P34-35

密度＝低 ボリューム＝小

密度＝中 ボリューム＝中

密度＝高 ボリューム＝大

仕上がり

M/Sの下側～U/Sはシルエットのおさまりを重視。

ROD ON

1液／オレンジコスメ『ファッソ』カール1M：カール1H＝1：2
2液／オレンジコスメ『ファッソ』カール2液

水巻きでワインディング後、
1液を塗布して
3分自然放置。
中間水洗後、
2液を3分・3分・3分で
3度づけ。

"上から巻くか、下から巻くか" 巻くプロセスを決めるコツ

パーマのテクニックポイント・2つめは、
ロッドを巻く「プロセス」について。
上から巻くか、下から巻くかで
何が変わるのか、
どう使い分けるべきかを整理。

上から切ると……
下（U/S）を上に引き寄せて切る
（リフトアップ）ため、
U/Sが軽くなりやすい。

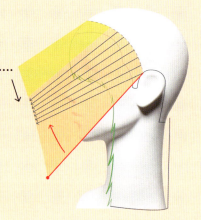

まずは「カット」の工程に置き換えて考えてみると……

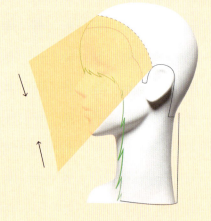

この「L」を目指すとき……

下から切ると……
上（O/S）を下に引き寄せて切る
（リフトダウン）ため、
U/Sに厚みを残しやすい。

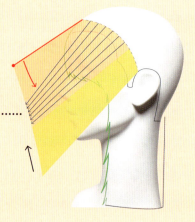

軽さ重視なら上から、厚み重視なら下から切るのがベター。 パーマでは？

上から巻くと……
下（U/S）を上に引き寄せて巻く（アップステム）ため、毛先が散りやすく、動きも出やすい。

パーマの
プロセスでは
どうなのか？

「上から巻く」と「下から巻く」で何が変わるのか？

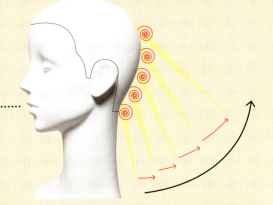

下から巻くと……
上（O/S）を下に引き寄せて巻く（ダウンステム）ため、厚みやリッジ感を出しやすい。

動き重視なら上から、厚み重視なら下から巻くとよい。

巻末付録 1
パーマの仕上がりデザイン集

本書に登場した、仕上がりのパーマデザインをランダムに掲載します。
イメージをふくらませるには、たくさんのデザインを、
さまざまな角度から「見る」ことも大切です。

巻末付録 2
アウトラインとフォルムの「パーツ」集

アウトライン

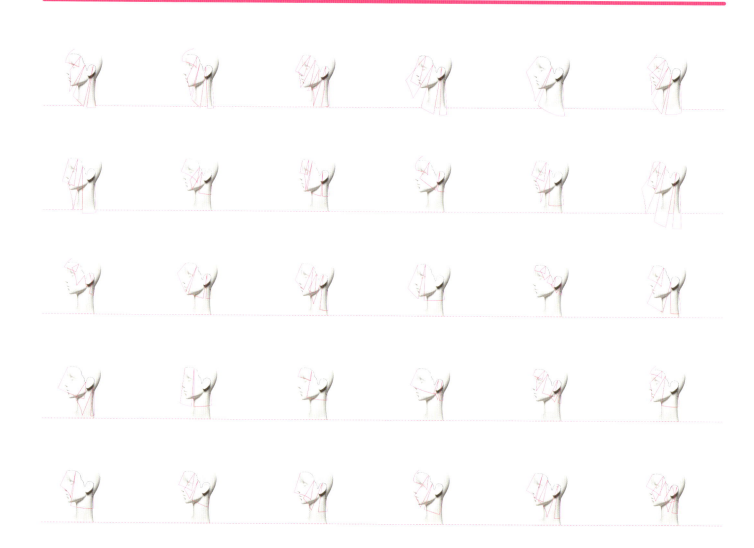

ここでは「アウトライン」と「フォルム」の各パーツのみをランダムに掲載。
仕上がりは紹介しませんが、それぞれをランダムに組み合わせ、どんなシルエットになるか、
またパーマを加えるとどんなデザインになるかイメージしてください。

フォルム

"すべてを正解にする" スタイリングの考え方

パーマのテクニックポイント、最後にとり上げるのは、スタイリング。
1つのデザインから、幅広いイメージをつくり出せる、
パーマならではのフィニッシングに着目します。

INTRODUCTION・P12-13
で紹介したデザイン。
実は……

カットベース、パーマの設計ともに、
ほとんど同じ構成。
仕上げのスタイリングを
大きく変えている。

OIL   CREAM

弱 ← ─────── セット力 ───────

大切なのは……仕上がりを1つに決めないこと

仕上がりを1つに決めてしまうと、パーマの持ち味が薄れてしまいます。たとえばお客さまが自分でスタイリングした際、サロンでの仕上がりが再現できないと「失敗した→傷んだせい？→もうパーマはかけたくない」となりがち。これを避けるため、各スタイリング剤の適正な使用量と、それによるカール感の違いを実際に見せながら説明しておくことが大切。そうすれば「すべてが正解」になり、仕上げが簡単であることも伝えられます。

毎日替える洋服と同じように、パーマスタイルも「その日の気分」で選べるようにしておきましょう。

WAX

FORM

→ 強

おわりに

パーマの技術をパターンで考えると、最初は「できる」「できた」と感じられます。
ただ、施術に慣れてきた頃には、パーマの「面白さ」を感じにくくなり、
ロッドを巻くのが「作業」になってしまいがちです。
大切なのは、楽しめるようになること。
巻き方といった1つひとつの技術は、デザインをつくる手段。
まずはつくりたいデザインを明確にし、素材や技術の根本に向き合ってください。
そうすれば、必要な技術が見えてきます。
冒頭でも述べたように、パーマはお客さまの
「日々のヘアスタイル」の可能性を広げてくれます。
クローゼットから洋服を出す感覚で、
日々のヘアスタイルを今まで以上に楽しんでもらうためのツールです。
パターン的な思考は捨てましょう。
提案したい女性像、つくりたいデザインをイメージし、
素材の特徴と技術の意味を考えてみてください。
この本が、みなさんのパーマに対する感覚や、
デザインの幅を広げる機会になると嬉しいです。

西戸裕二 [DADA CuBiC]

PROFILE

にしど・ゆうじ／1980年生まれ。埼玉県出身。山野美容専門学校卒業後、『DADA CuBiC』入社。現在、同サロンのトップスタイリスト。「D.D.A.」(DADA DESIGN ACADEMY)の講師も務める。

見るだけで学べるテクニックブック パーマ編
パーマで遊ぶ ±ボリューム学

2018年7月25日　初版発行
2020年7月20日　第2刷発行

定価：本体¥2,800＋税

著者：西戸裕二
発行者：阿部達彦
発行所：株式会社女性モード社
東京／〒107-0062 東京都港区南青山5-15-9-201
Tel.03.5962.7087　Fax.03.5962.7088
大阪／〒541-0043 大阪市中央区高麗橋1-5-14-603
Tel.06.6222.5129　Fax.06.6222.5357
www.j-mode.co.jp

印刷・製本：株式会社JPコミュニケーションズ
©D.D.A. CO., LTD. 2018
Published by JOSEI MODE SHA CO., LTD.
Printed in Japan　禁無断転載

薬剤提供：有限会社オレンジコスメ
ウイッグ協力：株式会社ユーロプレステージ
Hair Design：Yuji Nishido[DADA CuBiC]
Assistant：Yuki Sakamoto[DADA CuBiC]
Photo：Seiji Takahashi[JOSEI MODE]
Edit：Hiroya Komatsu[JOSEI MODE]
Art Direction & Design：TRANSMOGRAPH